영등포

노희정 시집
영등포

펴낸 날 2022년 9월 20일
지은이 노희정
편집 이앤이커뮤니케이션

펴낸곳 푸실출판사
출판등록일자 2003년 2월 27일
등록번호 제2017-000075호
주소 서울특별시 영등포구 선유로3길 10 하우스디비즈 1204호
전화 02-338-9995
팩스 02-338-9743
이메일 ene9995@naver.com
※ 푸실출판사는 영등포투데이신문사의 관계사입니다.

ISBN 979-11-954226-4-7
값 11,000 원

이 책은 저작권법에 따라 보호받는 저작물이므로 무단전제와 무단복제를 금합니다.
이 책의 전부 또는 일부분을 이용하려면 반드시 저작권자와 출판사의 동의를 받아야 합니다.

※ 잘못 만들어진 책은 구입하신 서점에서 교환해 드립니다.

노희정 시집

영등포

■ 서문

살았다
내 인생의 절반을 이 땅에서 숨 쉬고 뿌리를 내렸고
꽃 피우고 열매를 맺었다
내 삶 최선 다해 살아냈다
내 생 다하는 그날까지 기억하고 사랑하리라
영등포

2022년 9월

영등포공원에서

노희정

■ 발문

유목의 시대를 건너가는 낙타의 노래

나호열 (시인, 문화평론가)

『영등포』는 83편의 시와 한 편의 산문으로 꾸며진 노희정 시인의 문집이다. 이 문집은 영등포역이나, 여의도와 같은 장소를 오가며 스며든 시인의 서정과 영등포에 뿌리를 내리고 사는 여러 사람들의 일상을 스케치한 작품들로 오랫동안 영등포투데이신문사에 연재되었던 자료들이다.

예전과 달리 디지털의 눈부신 발전은 유, 무형의 자산을 기록하고 보존하는데 필요한 다양한 기술을 보여주고 있다. 드론을 이용한 풍경의 조감(鳥瞰)이라든지, 지면(紙面)의 제한을 넘어 무한정의 자료를 소장할 수 있는 컴퓨터의 기능이 그러한 것들이다. 그러나 그런 기능들은 살아있는 사람의 숨결을 온전히 감싸 안는 데에는 한계가 있다. 문집 『영등포』는 생애의 반 이상을 발붙이며 살아온 고장, 사회에 첫 발을 내딛고, 혼례를 치루고 가정을 꾸리며 이순(耳順)에 이르른 감회가 남다른 노희정 시인의 고향 찬가(讚歌)라 불러도 좋을 애틋한 정서가 한 편 한 편에 가득 묻어나는 영등포에 대한 기록이다.

돌이켜보면 농경사회가 무너지고 급속하게 도시화가 이루어지면서 우리는 소중한 덕목들을 잃어버렸다. 농경사회가 지니고 있던 예절과 두레와 같은 공동체의 미덕이 사라지고 그 자리에는 개인의 이익을 추구하는 무모한 경쟁과 익명의 사회가 들어앉은 것이다.

 영등포 또한 그러한 상전벽해(桑田碧海)의 도도한 물결을 받아들인 곳으로서, 예전의 농경의 풍경은 사라지고 없다. 전래되는 이야기에 따르면 영등포(永登浦)는 한 해의 안녕을 기원하는 영등굿을 이월 초하루부터 보름동안 지금의 신길동 지역에서 행해졌다고 하고, 그래서인지 노희정 시인은 시 「비나이다」에서 이와 같은 도당(禱堂)의 풍습을 복원해 내고 있다. 또한 이 곳에 한강 나루터가 인접해 있어 이 둘을 합쳐 영등포라 하였다고 한다. 이렇게 오늘날의 영등포의 역사(歷史) 아래에는 수 천년 이어져 내려온 농경의 희로애락이 잠들어 있음을 잊어서는 안되는 것이다.

 영등포가 농경의 땅에서 공업의 땅으로, 오늘날과 같은 상업이 융성한 땅으로 변모하게 된 직접적인 원인은 비록 일제의 야욕에 의해 건설되었지만 1899년 경인선의 개통, 1905년 경부선 개통으로 영등포역이 개설된 시점으로 볼 수 있다. 가난을 이겨보겠다고 서울로 올라오는 사람들의 꿈이 내리고, 온갖 물자들이 흘러가던 영등포역은 그 이후에 한강의 기적이 이루어지면서 서울 남부의 거점 도시로 변모해 왔던 것이다. 문집『영등포』에는 그런 까닭에

역을 노래한 많은 시편들이 수록되어 있다.

역은 "지상의 모든 그리움이 머무는 곳"(「영등포역」)이며, "장애물 상관없이 직선으로 직진하는"(「열차」) 에너지를 품게 하는 곳이라는 시인의 노래는 유목(遊牧)의 슬픔을 치유하는 약이다. 이제 우리의 삶은 정주(定住)가 허락되지 않는 유목의 시대를 지나가고 있다. 이런 저런 이유로 거처를 옮기며 고향의 의미를 상실한 시대에 살고 있는 것이다. 복면을 쓰고, 익명과 비밀번호와 CCTV의 감옥에 안심하는 낙타가 우리의 자화상이 되어가고 있는 것이다.

그럼에도 노희정 시인은 영등포의 밝음과 그늘 그 사이에서 '사람다움'과 '관계의 아름다움'을 잊지 않으려는 따뜻한 눈길을 거두지 않는다. 한여름 무더위를 피해 다간 쪽방에서 메타세콰이어 나무 밑으로 모인 사람들을 보며 누군가의 그늘이 되어야 한다는 소명감(「메타세콰이어 그늘 아래」 참조)을 마음에 새기고자 한다. 하루 한 끼 식사에 감사하는 사람들을 위해 매일 사랑의 주먹밥을 만드는 김종국 신부와 자원봉사자들, 아낌없이 인술을 베푸는 영등포한방병원 김철준 이사장, 춤으로 삶의 애환을 이겨내자는 건강댄스 강사 정병준 씨 등은 모두 영등포를 살아 숨쉬게 하는 보물로 기꺼이 그들을 칭송하는 노희정 시인인 것이다.

 땅은 모든 생명의 어머니이자 끝내 돌아가야 할 고향이다. 인심이 변하고 필요에 따라 변화되는 땅은 그럼에도 생명의 숨결을 버리지 않는다. 삼행시 「영등포」는 땅에 기대어 살고, 땅을 일구며 살아가는 우리의 꿈을 이렇게 노래했다.

 영원을 기원하며 견고한 땅위에 영령들 정성 다해 빚은 땅
 등불 켜고 탁 트인 영등포의 미래 위에 길 밝히고
 포용하며 사랑하고 진정한 행복의 둥지 틀고 오래오래 살 우리의 미래

 문집 『영등포』는 진정으로 영등포를 사랑하고 영등포와 함께한 노희정 시인의 독백이지만 그 개인적 서정은 영등포의 날줄과 씨줄을 엮어내는 생활사(生活史)의 소중한 자료로 자리매김할 것으로 믿는다.

 오랜 시간 영등포의 이모저모를 담아내기 위해 노고를 마다하지 않은 노희정 시인의 열정이 가득한 문집이 영등포 구민뿐만 아니라 향토를 사랑하는 많은 분들의 전범(典範)이 될 것이라고 굳게 믿는다.

■ 차례

서문 … 2
발문 … 3

1부 … 13

영등포역 … 15
목련꽃과 새 … 16
급행_당산역 9호선 … 17
철길_영등포역 … 18
샛강대교 위에서 … 19
불꽃_여의도 세계불꽃축제를 보며 … 20
가을을 찍는 여인_선유도 … 22
신생의 길목에서_신길역 … 23
홀로와 더불어_구상시인 … 24
봄, 기다림 … 25
세우(細雨)_영등포 전통시장 … 26
1151 열차 … 27

29 ··· **2부**

31 ··· 어부 시를 읽고_당산역 9호선
32 ··· 영등포의 달
33 ··· 한강의 아침
34 ··· 눈 위에 나를 내려놓던 날_양화 선착장
35 ··· 영등포역에서 기차를 타면
37 ··· 조롱박의 언어_대림1동
38 ··· 중심_국회의사당
39 ··· 첫 둥지를 틀고_신길 5동
40 ··· 문래동 예술 창작촌
41 ··· 메타세콰이어 그늘 아래_영등포 쪽방촌
42 ··· 낙엽은 한 장의 돈이 되어_여의도 증권가
44 ··· 한강. 1
45 ··· 한강. 2
46 ··· 한강의 가을
48 ··· 똑소리나는 정류장_당산동 삼환아파트앞
50 ··· 목화의 품_문래동목화마을
51 ··· 영등포의 2월
52 ··· 화가의 장난_영등포 청과시장
53 ··· 언어를 파는 여자_노희정
55 ··· 어디든 달려가는 길_영등포구청역
56 ··· 선유도의 봄

사랑의 나무_문래동로데오거리 ··· 57
샛강 ··· 58
여의도의 밤 ··· 60
느림의 시간 속으로 ··· 61
뿌리 깊은 나무_조경림 CEO ··· 63
사랑의 거리_도림동 장미마을 ··· 64
사랑의 주먹밥_영등포 토마스의 집 ··· 66
선유도 ··· 68
열차_영등포역 ··· 69
한방의 뿌리_영등포한방병원 김철준이사장 ··· 70
바람의 집_영등포 투데이 신문사 ··· 71
한강의 화합 ··· 73
흰 사랑 하나 ··· 74
영등포에 부는 달콤한 바람 ··· 75
웃음꽃 피는 회식 ··· 76

3부 ··· 79

이곳 영등포 ··· 81
금강호 떴다 보아라_안창남 비행기 ··· 83
계단 말고 엘리베이터_여의도 63층 빌딩 ··· 84
노을빛 추억 속으로_여의도 자매공원 ··· 85

87 ⋯ 영등포의 사계_가을

88 ⋯ 영등포의 사계_봄

89 ⋯ 꽃길만 걸어요_신길6동

91 ⋯ 뜨거운 봄_영등포

92 ⋯ 맞아 맞아_당산역에서

93 ⋯ 당신의 다음 행선지는_도림고가 위에서

94 ⋯ 철의 침묵

95 ⋯ 한강. 3

96 ⋯ 한강에 소풍 나온 늙은 자전거

98 ⋯ 하얀 밤_한강

99 ⋯ 탁 트인 영등포_영중로

100 ⋯ 탁트인 영등포. 2_영등포구청

102 ⋯ 침묵 속에 숨은 금_전 신길동마을금고 조도승이사장

103 ⋯ 청년의 기도_여의도 공원

104 ⋯ 여성을 노래하다_여의도 영산아트홀

105 ⋯ 진등포

107 ⋯ 이 생명 영원한 조국에_반공순국용사 위령탑

109 ⋯ 당산고을에 울리는 행복바람_당산고을 행복음악회를 축하하며

111 ⋯ **4부**

113 ⋯ 신지식인의 구걸_당산역 6번 출구

비나이다_도당(禱堂)신길 3동 ⋯ 115
만능탤런트_정병준 건강댄스강사 ⋯ 117
메낙골 공원_신길1동 ⋯ 118
하늘 길_양화선착장 ⋯ 119
여기서 살리라_신길3동을 위한 연가 ⋯ 120
영등포 바람 ⋯ 122
벚나무의 비애 ⋯ 123
'누가 이 사람을 아시나요'_대한민국 대표 공영 미디어 여의도 ⋯ 124
KBS한국방송공사
어머니의 숨결_양평등1가 ⋯ 126
아이공유_작은환경미술관(신길1동) ⋯ 127
풀뿌리 민주주의 부활을 꿈꾸며_지방자치 30주년을 맞이하여 ⋯ 128
영등포_삼행시 ⋯ 130
연흥극장과 사창가 ⋯ 131

1부

영등포역

지상의 모든 그리움
머무는 곳

지상의 모든 사랑
품고 있는 곳

지상의 모든 이별
보듬어 주는 곳

지상의 모든
그리움
사랑
이별
머물다 가는 곳

*목련꽃과 새

목련꽃 향기에 취한 새
이 봉우리 저 봉우리
어느 한곳에 마음 두지 못하는데
다 예쁘고
다 향기로워
다 소유할 수 없는
저 행복한 방황
그래도 하나만 선택해야 해
이 맘 저 맘 나눠 주다가
한마음도 잡지 못하면
어쩌누
곧
꽃잎 질 텐데

*목련꽃: 영등포구 구화

급행
당산역 9호선

그대에게 가고픈 마음
천리 길도 단걸음에 달려가고 싶지만
마음뿐
그리움 추스르고
그렁저렁 살다보니
급행 지하철이 생겼어
어찌 알았을까
그리움도 단시간에 만날 수 있어
먹구름 끼던 인연도
기다리다보면
좋은 시절 단숨에 온다는 걸

철길
영등포역

평생의 동반자
두 어깨 나란히 펴고
마주보고 있어
다툴 일 없는 평행선
서로 바라만 보다가
정들어버린 세월
철길 사이로 스민 녹
송진 같은 진한 연민

샛강대교 위에서

나를 만든 것도 다리 사이
강을 건너 너를 만날 수 있는 것도
무성한 숲 건너
너를 내려다 볼 수 있는 것도
또 다른 세상을 바라다 볼 수 있는 것도
까마귀와 까치가 칠월 칠석에
견우와 직녀를 위해 만든 오작교도
어떤 세파에도 흔들리지 않고
어떤 감정의 이입에도 변하지 않는
샛강대교
너와 나의 영혼까지 이어주는

불꽃
    여의도 세계불꽃축제를 보며

  일제히 일어서서 검은 하늘로 향하는 무언의 빛
  시간과 공간을 초월한 화살촉보다 빠른 형형색색의 불꽃들
  수백만의 함성은 한마음되어 구름 머금은 하늘을 뚫고
  살아 움직이는 모든 만물들 불꽃이 된다

  한 번 피고 지는 꽃처럼
  한 번 살다가는 인생처럼
  찬란히 빛났다가 스러지는 불꽃

  청춘남녀의 사랑이 저렇듯 타오를 수 있을까
  부모자식간의 사랑이 저렇듯 애틋할까
  신과의 사랑이 저렇듯 성스러울까

  돈으로 살 수 없는 사랑
  돈으로 얻을 수 없는 꿈과 희망을
  정열의 불꽃으로 전하고 싶다
  가난과 굶주림의 그림자가 드리운 세상 곳곳에

저 불꽃이 훨훨 피워진다면
희망 가득한 꿈들이 샘처럼 솟아나리라

흑빛 천지에 떠도는 혼을 불러 자수를 놓듯
별과 달 구름과 바람이 함께 노는 빛의 향연 앞에
절벽 끝에 선 막장 인생
삶을 포기한 어느 노숙자
미래의 꿈을 키우는 한 아이
평생 꺼지지 않는 불꽃을 피우며 살리라
힘들고 고단한 그 순간
가슴에 고이 품은 불씨를 꺼내 희망의 등불로 삼으리라

음악의 선율에 맞추어 세상을 유영하는 불의 춤
살아 숨쉬는 모든 생명들 불과 몸을 섞는다
영혼이 자유로운 저 불처럼
우리 인생도 한번쯤 불꽃처럼 살아볼 일이다
빛나는 저 불꽃처럼

가을을 찍는 여인
선유도

여인의 웃음소리 노을처럼 붉고
깃털 같은 몸짓에 억새가 흔들린다
여인의 영혼
노란 은행잎처럼 물들고
솜털 구름
앵글 속에 포즈를 취한다
한강의 물결
여인의 결 고운 마음으로 흥겹게 흐르고
가을에 만취한
선유도
그녀의 매력에 흠뻑 젖는다

신생의 길목에서
신길역

운명 따라 살아 온 길
살기 위한 몸부림
걷고 뛰고 타고
세월의 궤적 따라
29키로 39키로 49키로 59키로
속도에 맞추어
전력질주 하며 살아왔다
이젠
거친 숨 내려놓고
흔적 없는 그림자를 돌아보며
그냥 택시 한 대 보내고
그냥 버스 한 대 보내고
그냥 지하철 한 량 보내고
천천히 사색해 보자
1호선 5호선 교차하는 신길 역에
시계추처럼 오가는 시간들
잠시 숨 고르게 하고
나를 위한 길
나를 위해 가는
신생의 길

홀로와 더불어
구상시인

강이 좋아 강 곁에 살다
강으로 돌아가셨네

샘이 좋아 샘물같이 살다
샘물로 돌아가셨네

사람이 좋아 사람같이 살다
사람으로 돌아가셨네

시가 좋아 시만 쓰다
시 품고 돌아가셨네

봄, 기다림

남한강에서 흘러 온 물결
한강을 지나고 있다
마지막 사랑이라 믿고
뿌리 깊게 내린 마음
어느 불보다 뜨거웠던 심장
이젠 내 곁에 머물지 않은 채 흐른다
손잡아 주길
마음 머물러 주길 바라며
선유도 강가
찬 바위에 앉아
널 기다리면
지난해 화려했던 봄
다시 맞이할 수 있을까

세우(細雨)
영등포 전통시장

비가 무명실처럼 가늘게 내리고
태양이 하루살이를 접고 뒷걸음 칠 시간
가난한 시인이 주머니를 털어
돼지곱창 한 접시에 소주 세 병 마시며
힘든 시절을 매일매일 안주 삼던
흑백사진 같은 기억이 주저리주저리 머문 곳
영등포 전통시장
40년이 흘러도 비에 젖은 추억은 그 자리
불꽃같던 내 열정은 조금씩 식어 가지만
시장안의 열기는 그대로 살아있어
돼지곱창의 가격과 소주의 도수는
세우(細雨)만큼 올랐지만
나를 반기는 재래시장의 인심은 그대로네
갈바람 살살 불고
비에 젖은 긴 머릿결 휘날리는 날엔
영등포 전통시장 좌판에 허리 끈 풀고
돼지곱창에 소주 한잔 마시며
인정 넘치던 과거를 되새김 해 볼 일이다

1151 열차

　가을 하늘은 자신이 세상에서 가장 높고 푸름을 자랑하듯 기세 등등하다
　오늘같은 날은 기차를 타 볼 일이다
　목적지가 있든 없든
　무조건 열차를 타자
　철로에 몸을 실어 온전히 맡기고
　지푸라기같은 사념은 창밖에 날려 보내시라
　이 순간은 지금 뿐
　내일에 느낄 수 없는 것
　찰나의 생각에 인생이 바뀌고
　무모한 행동이 역사를 바꾼다
　가을이 손짓할 때
　가을이 유혹할 때
　훌훌 떠나라
　영등포역에서

2부

어부 시를 읽고
당산역 9호선

당산지하철 9호선 역에서 물결치는 김종삼의 어부 시를 읽고
매일 매시간 매초 흔들리는 나를 느낀다
바람이 시키는 대로
밀려오는 밀물에 마음 빼앗겼다가
급행으로 빨려 나가는 썰물에 마음 주었다가
혼절하기 직전
뭍으로 나오길 반복
되새김도 나름대로 질렸는지
신물이 날 지경
그래도
산산이 부서지려는 내 마음에
키 꼭 잡고 놓지 않는 사공이 있어
배 위에서
흔들릴 뿐
나는 언제나 제자리

영등포의 달

친구들과
활어회 안주에 소주 한 병 마시고 취한 밤
가로수 위에 걸터앉은 달도 한 잔 했는지 팔자걸음으로
나와 동행 한다
나만의 달이냐
희. 애. 자
친구의 달이냐
영등포구민의 달이냐
묻는데
달은 과묵한 사내처럼
엷은 미소만 짓는다
당산동에 뜬 달
취한 나를 이끌고
집까지 무사히 데려다 주었는데
난 그만
고맙다는 인사도 못하고
잠들고 말았다

한강의 아침

고요한 물 속에 불기둥 하나 솟습니다
남한강 북한강에서 밤새 흘러 하나가 된 한강
황홀한 금빛에 눈을 뜹니다
지난 밤 친구 만나 영등포에서 회포 풀고 서쪽으로 가던 달
큰 눈 비비며 아침을 맞이합니다
한강가에 커풀옷 입고 조깅하는 노년 부부의 주름진 이마에도
건강한 햇살 퍼지고
선유도 공원에 주렁주렁 열린 살구
6월의 해맞이하며 속살 익어가고
곤히 잠자던 수련도 배시시 일어나 꽃문 열기 시작합니다
한강에서 세수한 태양
영등포구민 가가호호 창가마다
빛나는 마음으로 살구꽃처럼 웃으며
오늘 하루 동행합니다

눈 위에 나를 내려놓던 날
양화 선착장

떨어진 솔잎 위로
흩어진 머리카락 위로
그가 내린다
산발한 마음 그 속에 갇혀
자아 찾아 헤매고
침묵으로
그의 순수를 읽는다
짐승처럼 발광했던 육신
명징한 말씀 깨닫고
양화선착장을 떠난다
눈 위에 나를 내려놓던 날

영등포역에서 기차를 타면

기차만 타면
철길에 널린 자갈들
모국어 되어 돌돌돌 거리며
아이처럼
철길 위로 통통 튀어나와
하늘에 동시를 쓰겠네

기차만 타면
차창 너머
강물이
술술술 흘러나와
물의 혼이 담긴 언어로
시를 쓰겠네

기차만 타면
옛 추억 만나러 가는 느낌
심장 쿵쿵 뛰며
삐뚤삐뚤 흘림체로
연시를 쓰겠네
기차만 타면

감성에 푹 젖는 여인
목적지에 이르면
시인 되어 있겠네

조롱박의 언어
대림1동

도심 속에 핀 흰 박꽃
설레는 마음 눈 감아야 보이는 어린 날의 꿈처럼
한 소년의 생이 뜨거운 태양을 먹으며 영글고 있다
아기 주먹만한 박이 자라
속이 차고
뜨거운 그늘아래 잘 익어가고
그 밑에서 소년 소녀들이 모국어로 꿈을 짓는다
박 속 갈라 비우고 그릇 되면 그 속에 무엇을 담을까
박의 운명을 내 운명처럼 받아들이는 연습을 언어로 푼다
순박한 꽃으로 피어
성실한 속을 채우고
누군가의 *바라기가 되어
생을 보내는 조롱박의 축제
대림1동에는
희망 가득품은 조롱박이
주렁주렁
푸른 꿈도
주렁주렁

*바라기 : 그릇이라는 순수 우리말

중심
국회의사당

꽃향기 담뿍 품고
모래 위에 떠 있는 섬
꽃이 품은 순수 닮을 수 있을까
꽃 한 송이 피우기 위해 몸부림치는 봄바람의 속내를 읽을 수 있을까
민초의 마음을 읽고
초심으로 임하겠다던 다짐을 지켜낼 수 있을까
꽃은 진통 끝에 향기를 내뿜고
마지막 한 잎 지는 순간까지 지고지순하다
돌풍이 세상을 흔들어도
뿌리 깊은 나무는 결코 흔들리지 않는다
오직
국민의 국민에 의한 국민을 위한
굳은 의지로
결 곧은 정신의 뿌리를 내려야하는데

첫 둥지를 틀고
신길 5동

뜨거운 가슴과 차가운 가슴이 만나
우여곡절을 겪고 둥지를 튼 단칸방
딸 셋을 낳아 키우는 주인집 아주머니는
손에 물이 마를 날이 없었다
제 방이 없어 불편하다는 7살 막내딸은
경제적 능력도 없으면서 왜 자신을 낳았느냐고
엄마에게 당돌하게 따져 물어
난 아이는 하나만 낳겠다고 다짐 했었다
LPG 가스렌지도 폭발할 수 있으니 쓰지 말라는
주인집 아주머니의 소심한 성격으로
석유난로의 그을음으로 밥을 짓던 시절
골목마다 연탄가스가 저승사자 그림자처럼 피어오르고
안개 밀려오는 곳에서 시작한 신혼생활
제2의 인생이 출발한 곳
집들 끼리끼리 어깨를 대고
사람 사는 냄새 물씬 풍기는 신길5동에서
새 삶을 시작했고
첫 생명을 잉태했다

문래동 예술 창작촌

귀 열어 인간의 노래를 듣고
눈 떠 인간의 춤을 보며
세상과 입 맞추어 합창을 하고
엿가락처럼 몸 풀어 세상과 함께 어울려 춤을 추고 있는 철
철창 속에 파묻혀 꼭꼭 닫혀있던 마음의 문을 열었다
돌이 되어버린 마음이 통기타 음악에 취해 출렁이고
검게 녹슨 얼굴에 촉 트고 가슴속엔 시가 여문다
철재상 안에 오래 갇혀 있던 철 한가락
찢긴 철문 사이를 나와 무언으로 즐기며
내 손을 이끌고 퍼포먼스에 동참 한다
긴 세월 켜켜이 쌓였던 녹이 꽃가루 되어
무겁게 가라앉은 문래거리에 향기를 뿌린다
오랜 시간 세상을 지탱해 온 쉰 쇳소리와
쇠를 깎는 님들의 땀으로 찌들었던 철공소 골목에
예술의 혼이 나비처럼 날아와 문화의 거리를 거닐며
경계 없는 예술과 하나 되었다
생명의 혼 불어넣는 대장장이 헤파이스토스도
우리와 함께 문화를 불태운다
예술은 때와 장소를 가리지 않는다
예술은 천도 그 이상의 사랑으로 철의 마음을 녹인다

메타세콰이어 그늘 아래
    영등포 쪽방촌

나는 누구의 그늘을 먹고 자랐을까
난 또 누구의 그늘이 되고 있을까
누가 누구의 그늘이 된다는 건
소중한 일
영등포역 전철길 옆 골목길에
쪽방 촌이 자리 잡고 있다
오랜 세월 동고동락(同苦同樂)한
메타세콰이어 나무가 무성하고
서늘한 그늘아래 주민들 더위를 식히고 있다
나도 단칸방에서 신혼살림을 차렸었다
부부싸움을 해도 돌아누울 수 없이 방이 좁아
화해를 속히 할 수밖에 없었던
과거가 주마등처럼 스친다
깨끗이 정리 된 좁은 공간
    길목에 퍼진 햇살과 손잡은 그늘이 녹색 카펫처럼 드리워져 있고
    오손 도손 살아가는
    영등포 쪽방촌

낙엽은 한 장의 돈이 되어
여의도 증권가

갈잎 한 장 허공을 빙그르 돈다
돌고 도는 돈처럼
율곡 이이가 사방으로 흩어진다
신사임당이 허공을 배회하는 낙엽을 그윽한 눈빛으로 주시하는데
누구의 주머니는 두둑하고
누구의 주머니는 찬바람만 가득하다
여의도에 부는 돈바람
바람이 부는 쪽으로 이리 저리 휩쓸리는 낙엽들
증권가에 앉아 오르락 내리락
롤러코스터를 타는 숫자 따라
천국과 지옥을 오가는 사람
닮았다
마지막 한 잎마저 떨 군 가로수
겨울이 와도 손난로 하나 없이
맨몸으로 눈보라 맞는다

긴 겨울 지나고
한강에 봄바람 일렁일 때
빈 나무에 새 순 수북이 돋듯

모두의 지갑 속에 세종대왕이 가득 차
파안대소하는 날 오리라

한강. 1

남한강 북한강 두물머리에서 만나
바람 따라 흘러라
시계처럼 멈추지 말고 흘러라
사색에 깊이 잠기지 말고 흘러라
물 뿌리에도 돌 뿌리에도
물고기의 지느러미에도 채이지 말고 흘러라
흘러흘러 임진강을 만나
서해로 오대양 육대주로 흘러라
메기처럼 장어처럼 매끈하게 흘러가
성숙한 영등포 소식과
지구에 우뚝 선 대한민국 전 세계에 알려다오
굴절 없이 물살 가르며
굳은 심지로 흘러라
한강이여!

한강. 2

숭어가 한강 물을 가지고 논다
자신이 고래가 된 냥 우아하게 등 굴리며
제 세상이다
망상에 젖은 숭어 잡으려는 낚시꾼들
릴 드리우고 세월을 낚고
시간도 저물며 물결 따라 잠수하는데
한강의 척추를 가르며
나를 실은 모터보트가 물보라 일으키며 질주한다
어떤 세파에도 미동 없는
국회의사당, 여의도에 솟은 마천루가
거친 물살을 뚫고 시야에서 흐려진다
한강의 심장을 깨우며 달리는 이 기분
푸른 햇살에 수심이 들여다보이고
미세 먼지 한 톨 없는 정갈함
문 열고 나와
한강의 속살을 느껴보시라
가슴에 쌓인 멍울
확 뚫어지리라

한강의 가을

높다
높다
가을하늘 흰 구름 제 멋에 취해 춤추고
하늘 끝까지 날아가고픈 청춘
드론에 싣고

깊다
깊다
속 깊은 한강 위 물살 가르는 모터보트
도심에 갇힌 가을을 만끽하며 속도를 올리고

달리다
달리다
자전거 두 바퀴 건강한 청신호 보내며
30키로 로 달리며 회전하고

물든다
물든다
녹색 잔디 갈바람에 갈색으로 물들고
가로수 오색으로 옷 갈아입고

걷는다
걷는다
긴 머리 휘날리며
오늘도 만보 걷는
가을여자

똑소리나는 정류장
당산동 삼환아파트앞

곧 도착 6515 보통
1082 10분 후 도착
2022년 3월 8일
현재시각 오후 6시16분
내일 날씨 맑음 12도
초세먼지 보통
마스크 착용 의무화 시행

고운 기계음의 안내는
버스가 몇 시에 도착 하는지
오늘의 날씨는 어떤지
미세먼지는 얼마나 심한지
마스크 착용은 잘 했는지
정차하는 정류장마다
친절하게 알려준다

내 인생도
저 기계음의 안내처럼
오늘 이 시간 어떻게 보내야 할 건지
안개처럼 아득한 내일

무슨 일을 어떻게 해야 햇살 가득 할지
안내 받고 싶어지는 오후

목화의 품
    문래동목화마을

어머니 품 속 같은 숙면을 취해 보셨나요
포근한 소망을 품은 목화가 문래동에 뿌리를 내렸어요
솜털구름같은 솜이 뭉실뭉실 피어있는 곳
목화씨를 빼는 물레가 쉼 없이 돌고
동네 사람들 조각구름처럼 모여
목화축제를 열고 있네요
목화밭에서 설익은 목화를 간식삼아 따 먹던 과거가 떠오르고
시집가는 딸에게 직접 키운 목화솜으로 이불 한 채 만들어 보내던
친정어머니의 거친 손길이 느껴지네요
어머니 품속이 그리워 질 때면
문래동 목화마을로 가 보세요
어머니의 한없는 사랑이 머물러 있을 거예요

영등포의 2월

이제
일어나자
살얼음 속
숨 쉬고 있는 잡초야
네가 기지개 펴야
그 참 기운으로
봄맞이 하지

화가의 장난
영등포 청과시장

밤새 땅 속에다 화가가 물감을 몰래 풀어 놓았나 봐요
노란 물감 먹은 밭에선 금참외가 뎅글뎅글
빨강 물감 마신 땅은 토마토와 딸기가 주렁주렁
수박은 녹색물감과 빨강 물감을 동시에 마셨나봐
타국에서 비행기 배 타고 온
오렌지 바나나 파인애플 망고
먼 여행에 피곤한 기색도 없이 건강한 얼굴로 반짝반짝 빛이 나요
경상도 전라도 충청도 전국에서 온 과일들
트럭에 가득 실려 밤이슬 맞으며 새벽빛 뚫고
영등포 청과시장에 집합했어요
서로들 마주보며 자기가 세상에서 가장
잘 생긴 과일이라 뽐내고 있어요
건강 가득 품은 비타민의 보고(寶庫)
화가의 풍성한 결실들이
영등포 청과시장으로 뭉쳤어요
과일 사러 오셔요

언어를 파는 여자

　　　노희정

싸게
싸게 팔아요
싸게 드릴게요
없는 거 없어요
못 고칠 거 없어요
발 품 팔면 건강도 챙기도
살림살이도 넉넉해져요
영등포 전통시장의 진정한 외침처럼

싱싱해요
이슬 품은 채 현지에서 따 왔어요
강 건너 산 너머 바다건너 왔어요
울긋불긋 비타민의 보고
청과 시장 좌판에
팔리기만 기다리는 과일들처럼

시 소설 동시 수필
장르 구분 없이 쓰는 여자
미완성 글이든
완성된 글이든

몸이 느낀 대로
마음 닿는 대로
언어유희 막론하고
남녀노소 읽고 느끼면 된다는 소신 하나로
백지에 써 내려간 글자들
흐린 날은 빨래줄체
맑은 날은 붓체나 명조체
비 오는 날은 풀어쓰기체
눈 오는 날은 네모체인 훈민정음체로

사계절 옷 갈아입듯
카멜레온처럼 환경에 색 바뀌듯
글쟁이로 살아온 삶
자음 모음 초성 중성
형용사 감탄사 섞어
모둠 한글 다 모아
혼 담은 언어
파는 여자

어디든 달려가는 길
영등포구청역

마음 앞세워 떠난 길
자동차의 긴 행렬이 숨차다
이럴 땐 차도로 달리지 말고
철길로 내려 오셔요
사방팔방
어디든 제 시간에 모셔다 드릴게요
기다림에 지친 영혼 싣고
은하철도999처럼 달릴게요
영등포구청역
2호선 5호선이
그대의 명품 신발이 되어드릴게요

선유도의 봄

봄 왔어요
봄 왔어요
능수버들가지에 매달린 풍경이
봄을 알려요

모두모두 봄맞이 하세요
산수유 개나리 매화
활짝 웃고 있어요
한강물 따라 봄나들이 와요

이리 오셔요
이리 오셔요
봄 손잡고 이리 오셔요
봄 안고 이리 오셔요
선유도
풍경소리 따라 이리 오셔요

가슴 속에 봄바람 담아 가세요
마음 속에 꽃향기 품고 가세요

사랑의 나무
문래동로데오거리

사랑은 저절로 생기는 게 아니다
마음 밭에 꽃 한 송이 피우려면
물주고 정성을 다해야한다
문래동 로데오거리 입구엔
사랑의 나무 한 그루 서 있어
오가는 손님을 맞이한다
사랑의 나무속에 기계가 설치되어 있다
우리의 사랑도 저 기계처럼 정성 들여
간간이 닦아주고
기름도 쳐 주어야 마르지 않는다
마음으로 돌봐주고
봄빛같은 윤활유를 보충하면
내 마음도
너의 마음도
문래동 로데오거리도
사랑으로 가득 넘치리라

샛강

19년 전
초등학생이었던 아들과 매미 잡으며 걸었던 샛강
긴 시간이 지나 오늘은 혼자 걷는다
그땐
나무들이 어린 아들 키만 해서
샛강 건너 자전거 타는 사람이 어떤 옷을 입었는지
삼천리표 자전거를 타고 가는지 다 보이고
다정한 연인의 옷 색도 나무 사이로 보였다
이젠 30대가 된 아들처럼 성숙한 샛강
악어가 툭하고 튀어 나올 것 같기도 하고
식인어종 피라냐가 펄쩍 튀어 나와
내 종아리를 물어뜯을 것만 같아
움찔 놀라 뒷걸음친다
이름도 모를 새들이 몰려 와
나뭇가지에 앉아 합창을 하고
들꽃 속 꿀에 빠진 벌과 나비의 향연에
샛강의 하루는 바쁘고 아름답다
하얀 찔레꽃잎엔 장사익 가수의 처연한 목소리가 서려 있어
그 하얀 슬픔까지도 아름답게 보인다

밀림 속을 걷듯
무성한 숲길 따라 삼삼오오 걷는 사람들
샛강도 함께 걷는다

여의도의 밤

어둠 내려앉은 한강
불빛들 옷 벗고 입수 시작합니다
물결은 서쪽으로 흐르고
불빛은 파문만 일 뿐
제자리 맴돌고 있습니다

쌍둥이 엘지빌딩 안은
큰 눈 크게 뜨며
경제 부국 위해
희망의 등불을 하나 둘 밝히기 시작합니다

국회의사당 벌집 같은 창문에도
국태민안 위한 상서로운 길을 내려고
반딧불 같은 빛이 고군분투 하고 있습니다

느림의 시간 속으로

 눈 크게 뜨고 태양이
 동해 등푸른 바다를 물들이며 천천히 발화한다

 코로나에 말려 온 먹구름
 그 사이에 낀 빛 잃은 시간들
 수심에 절은 세월 건져 올리며 건강 기원하는 소망 한 덩이
 설악산 대청봉 밝히고 백두대간 거쳐 온 대지에
 신축 년의 시작을 알린다

 우심(牛.心)닮은 느림보 보폭에 맞추어 따라 나선 빛
 하얀 옷 입은 소의 축복이 길동무 하는데
 척박한 땅 일구는 소의 뒷모습
 자갈 속 묵묵히 걸어가는 뚝심 되새김 해 보자

이공이하나(2021)
신축 년은 지난해 암울했던 삶을
소의 멍에처럼 짊어지고 견뎌 볼 일이다
워낭소리와 함께 동행 하며
소의 끈질긴 인내심으로

한 걸음 한 걸음 내딛으며 이겨내 볼 일이다
각고 끝에 서광 비추듯
영등포의 이 시간 최선 다해 살다보면
보랏빛 결실의 석양을 뜨겁게 맞이하리라

뿌리 깊은 나무
조경림 CEO

바라다보기만 해도 든든한 나무
옆에 서 있기만 해도
그늘이 되는 나무
무질서 속에 질서가 잡히는 것은
질서를 바로잡는 길라잡이가 있기 때문이다
세 사람이 길은 가면 반드시 스승이 있기 마련인 것처럼
어느 단체에도 자신을 희생하며 솔선수범하는 지도자가 있다
5천 미터 고산을 넘을 때 손잡아 이끌어 주는 존재
망망대해에서 조난당했을 때
삶의 희망을 불어넣어주는 산소 같은 존재
영등포 부흥의 정신적 지주로
영혼까지 심지 곧은 나무
자신을 태워 세상을 밝히는 송진 같은
뿌리 깊은 소나무로 우뚝 서 계신
영등포의 수호신
조경림 CEO

사랑의 거리
도림동 장미마을

사랑이 만발 했어요
올곧은 가지에도 휘어진 가지에도
도림동 주민들의 관심과 사랑을 먹고 피었어요
꽃 한 송이 피우기 위해 긴 시간의 인내가 필요하고
땅 파는 수고로 장미의 뿌리는 깊이 내렸어요
장미가 목말라 할 때 주민 누군가의 손길이 단비가 되어주고
하늘에서 태양은 무한한 사랑의 빛을 주었지요
인간과 자연이 한마음 되어 꽃길을 만들었고
젊은 심장으로 태어난 장미꽃
그 터널 속엔 건강한 웃음이 가득해요
꽃그늘 속에 한 가족이 도란도란 걸으며
꿈 많은 미래를 설계하고
장미꽃 향기가 도림동 사거리를 지나
영등포 구민 모두에게 퍼져
행복의 밀어를 속삭이게 할 거라 믿지요
삶에 지쳐있던 영혼이 깨어나고
장미꽃 한 송이로 수줍은 사랑을 고백해요
바라보기만 해도 눈부시고
만지기만 해도 정이 철철 넘치는 거리

정열의 사신 천만송이 장미꽃 흐드러지게 핀 장미마을
사랑의 거리를 걸으며 향기 가득한 미래를 꿈꿔요
우리 모두
장미꽃 한 아름 안고 꽃길만 걸어요

사랑의 주먹밥
영등포 토마스의 집

내가 너희에게 한 것처럼
노숙인으로 오신 예수님께 대접한 '사랑의 한 끼'
서로에게 밥이 되어주는 집
사랑의 맛집
가난하고 소외된 행려자들을 위한 급식소
30여 년 넘게 한 끼를 위해 봉사해 온 토마스의 집에는 수식어가 많습니다
코로나의 영향으로 주먹밥을 만들어
500여 명의 사람들에게 나누어 줍니다
김종국 토마스 아퀴나스 신부님의 헌신적 사랑과
자원봉사자의 진심어린 정성과 봉사정신이 굵은 땀방울과 버물려진 주먹밥
옥수수 고기 양파 당근에
깨를 볶아 참기름을 짜고
마늘도 까고 천연재료를 만들어 첨가하고
볶음밥 열기가 식을까 햇김에 싸서 검은 비닐 속에 넣는다
유명 요리사의 음식보다 영양 만점인 주먹밥 하나
바나나 한 개
생 라면 한 개

찐 계란 한 알

빵 한 개

또 하나 덤으로 자원봉사자의 사랑이

검은 비닐봉지 속 빈 곳을 채우고

베풀어주되 베풀어 준다는 생각조차하지 말라는

말씀처럼

토마스의 집에서 봉사하는 자원봉사자들의

진심 다한 희생이 있어

세상은 꽃피는 거라고

주먹밥 받으며

"고맙습니다

수고하십니다"

선유도

눈 시리도록 하늘 푸른 날
한강물에 푹 빠진 선유도
신선되어 유유자적하니
흉흉한 세상의 근심도
강물 따라 서해로 흐르고
상춘객 하얀 웃음 만발하니
능수벚꽃 팔다리 늘어져 흐드러지게 춤춘다
우리 모두에게 선물로 온
소중한 오늘
시간의 정원에서 거닐다
선유정에 앉아
인왕산 바라보며
차 한 잔으로 즐기는 신선의 여유

열차
영등포역

긴 시간 휘돌아오다
열차에 몸을 싣는다
주름진 육신
마음만은 구김살없이 달리는 철마 되어본다
이 시간부터 청춘으로 사는 거다
11자로 쭉쭉 뻗은 철길위로
한 마리 청마되어 거침없이 내달리는 거다
장애물 상관없이 직선으로 직진하며
검푸른 심장 멎을 때까지

한방의 뿌리
영등포한방병원 김철준이사장

  영등포 땅에 한의학의 뿌리를 내린 분이 거목으로 서 있다

  어느 날
  작은 몽키 하나 들다 허리가 삐끗 거리더니 일어설 수가 없어
  굽은 허리를 끌고 한방병원에 와서 침 한 방 맞으니 감쪽같이 허리가 펴진다
  수십 년을 영등포에서 의술과 인술을 베푸는 영등포한방병원 김철준이사장
  건강은 건강할 때 지켜야한다며
  자국 타국을 막론하고 청정지역에 가서 약초를 구하고
  보약 재료를 아끼지 않고 달여 만든 공진단
  공진단 약효 같은 김철준이사장
  사회각층에 감초 같은 봉사를 하고
  바다의 깊이만큼 인술을 베푼다
  육신이 허약해질 때
  영등포 한방병원을 찾아가 보시라
  한방의 침과 공진단의 효력으로
  모두 건강한 삶을 누리리라

바람의 집
영등포 투데이 신문사

바람이 닫힌 마음을 노크하며
관악산 능선 타고 날아온다
어제 사연 싣고 온 바람
오늘 소식 싣고 온 바람
다양한 사연들 낙엽처럼 쌓인다
산등선 구비구비 넘어온 살 냄새
때로는 수많은 갈등 섞여 흔들리지만
바람은 올곧은 심지 하나를 가지고 있다

돌풍이 불어온다
바람은 한 곳에 머물지 않고 역마의 습성을 가지고 있어
떠돈다
때가 되면 고향 찾듯 찾아오는 철새
김삿갓 방랑의 끼를 갈바람처럼 맞이하고
흑백사진 속 부모님 미소처럼 변함없이 맞이하는
바람의 귀착지

오늘의 바람은 어제의 바람을 기억하지 않고
바람은 늘 새로운 역사를 찾아 시동을 건다
그늘진 곳이나 어두운 곳에서도 머뭇거리지 않고

눈길 머문 곳은 늘 새로운 언어로 출렁인다
물도 바람 따라 대해로 흐르고
사랑도 바람 따라 둥지를 튼다

바람의 소리를 귀담아 듣고
그 소리를 끌어안고 포용하는 곳

바람의 집
영등포 투데이 신문사

한강의 화합

갈대와 억새가 첫 눈 맞으며
같은 곳을 바라보며 웃고 있고
한강에서 불어온 바람 거부하지 않고 함께 호흡한다

한집에 39년을 살아도 각 방 쓰고
30년 키운 자식 밥 한 끼 같이 먹기 힘든데
한강 가
갈대와 억새는 한 번도 다투지 않고 어찌 저리 사이가 좋은지
싸움하며 사는 사람들
한강 가에 나와 갈대와 억새의 관계를 느껴볼 일이다
한마음 되어 살아가도 힘든 세상
저
갈대와 억새처럼
높은 뜻 하나로 모아
함께 살아볼 일이다

흰 사랑 하나

흰 눈 내리는 밤
흰 어둠 밝히며 내리는 눈
흰 가슴 안고 흐르는 한강
흰 소의 걸음으로 걷는
흰 소복 입고 춤추는 억새
흰 소복 걸친 검은 바위
흰 옷자락 나부끼는 나뭇가지
흰 별의 그리움
흰 하늘이 내린 선물
흰 사랑 하나 영등포

영등포에 부는 달콤한 바람

  어인일로 이 시간에 살랑살랑 꼬리 흔들며 오고 있소?
  나라를 들썩이며 바비가 오더니 더 강화되어 왔다간 마이삭이
  온 국민을 애타게 만들더니 매미보다 강한
  하이선이 다음주자로 달려온다고 해서 긴장감에 잠 못 이루게 하더니
  세상이 온통 불안한 이 시점에
  뭉게구름 사이사이 높은 하늘의 눈부심은 어떤 뜻을 품고 있는 거요
  폭풍전야의 전조에 잠깐만이라도 안심하라는 것이요?
  사람가슴 훅 할 만큼 부는 지금의 달콤한 바람의 입김으로
  하루하루가 지옥인
  누구의 가슴에 맺힌 한을 날려버릴 수 있다고 생각하는 거요?
  한강변을 매일매일 맴돌다 왔구려
  포기하지 않고 와 주는 그대 맘 알았으니
  영등포에 부는 달콤한 바람의 이름을 걸고
  더 이상
  이 세상 힘들게 하지 말아주오

웃음꽃 피는 회식

푸른 비 내리는 날
동장과 주임이 다른 곳으로 발령이 났다
문학이 불모지였던 동네에 문학의 씨를 뿌리고 잎이 솟고 꽃이 필 무렵이다
오는 사람 말리지 못하고
가는 사람 잡지 못하는 것이 공무원의 세계다
아쉬움에 저녁 한 끼 대접하고 싶어 퇴근시간 후 저녁식사 약속을 하고 만났다
그동안 수고하셨으니 소한마리 대접하고 싶다고 했더니
"시인님 큰 소한마리 만요? 송아지 한 마리 더 먹으면 안 될까요?"
위트 있는 주임의 농담에
큰 소한마리보다 더 소중한 웃음꽃이 만발했다
난 두 분을 그냥 보내기 서운해 작은 꽃바구니를 준비했다
장미꽃도 아니고 백합도 아닌
이름도 모르는 해바라기를 닮은 황타색 꽃이다
다소곳하며 센치하고 문학을 사랑하는 동장께 꽃향기를 전해주고 싶어서였다
그런데 만개했던 꽃이 시계꽃처럼 오후에 접어들면서 하

나 둘 꽃 문을 닫기 시작 한다
　이런 낭패가 있는가
　열 송이 꽃이 속절없이 졸고 있는 게 아닌가
　동장님 만날 때까지 잠들지 말라고 제발 한 송이만이라도 깨어 있으라고 물을 정성껏 뿌려 주었다
　내 애타는 마음은 아랑곳하지 않고 꽃들은 서쪽으로 가는 해를 따라 깊은 잠에 빠지고 말았다
　동장께 꽃바구니를 전해 주면서
　"이 꽃들이 동장님 닮아 수줍음이 많나 봐요 수련도 아닌 꽃이 일찍 잠들었으니 이를 어째요"
　우리 일행은 잠에 빠진 꽃 때문에 또 웃음꽃을 피웠다

　맥주 한잔 곁들인 (나만 혼자 마시고)송별 회식이 끝나고 밥값 계산을 하려고 했더니 주임이 계산을 미리 했다고 한다
　무슨 이런 일이 있느냐고
　두 분 보내기 아쉬워 따듯한 저녁식사대접하려고 했는데……
　내 마음만 받는다고 한다
　주먹을 부딪치며 또 만나자며 아쉬운 이별을 했다

또 다른 인연을 기약하고 밖으로 나오니 비가 솔솔솔 내리며 두 분의 발걸음 위를 촉촉이 적셔 주고 있다

3부

이곳 영등포

내가 살아야 할 의미를 부여해 주고
지순한 사랑 받고 그 사랑 온전히 내어 준 곳
목련꽃 봉오리 같은 내 청춘에 단비가 되어 주고
타다만 내 인생에 불씨가 되어 준 곳

남부의 뿌리라는 자존심 하나 가슴에 품고
펄펄 끓는 검푸른 심장을 안고
철의 마음까지 달래가며 인문학의 정신을 한 올 한 올 엮어 나갔다
신길5동 도깨비시장에서 채소의 푸릇한 마음과
생선의 건강한 혼으로 육신 지키며
영등포 중앙시장 좌판에 앉아 쓴 소주 한 잔으로 삶을 풀어냈다
영등포공원에서 뿌리 깊은 소나무와 연애를 하고
영등포역에서 노숙자와 여행자 앞에서 문학을 노래했던 시간과
영등포문화원에서 울려 퍼지는 문화의 물결
영등포구민 영혼 속에 별처럼 빛나고
닫혀있던 감성 빗장 열어 춤추며 모두가 풍성해지는 오늘

내가 살아왔고
내가 살아가야 하는 곳
내 자식이 태어났고
그 자식이 또 자식을 낳아 대대손손 살아가야 할 곳
인간이 꿈꾸는 신세계
이곳 영등포

금강호 떴다 보아라
안창남 비행기

떴다 보아라 금강호
여의도비행장에
날고 싶은 우리의 소망이
흰나비 날개처럼 사뿐하게
백학의 날개처럼 우아하게
독수리 날개처럼 위풍당당한 모습으로
여의도 하늘에 첫 길을 내고 솟아올랐다
1922년 12월10일
한국인 최초의 비행사 안창남을 보기 위해
흰 고무신 검정 고무신 신고
무명바지자락 낡은 치마 자락 휘날리며
여의도비행장으로 5만 명이 모였다
우리 민족이 세계로 뻗어 나아갈 하늘 길
원대한 희망을 가슴에 품고
하늘의 문을 열었다
장하다 안창남
여의도 하늘 위를 나는 그의 어깨 위에
빛나는 미래의 꿈 가득

계단 말고 엘리베이터
여의도 63층 빌딩

이유 모를 회색빛 안개가 스멀스멀 기어오르듯
뜻밖의 불청객 (코로나)방문에 지구가 불안에 휩싸였다
꼭꼭 닫힌 침묵 속에 행복의 숨을 불어 넣어 준
트로트의 열풍 속에 검은 두려움의 날개를 접는다
답답한 가슴 털고 일어나
엘리베이터에 몸을 맡기니
30초 만에 63층까지 오른다
임영웅 가수의
'계단 말고 엘리베이터' 멜로디가 등을 밀어 준다
몸 속 깊게 내려앉은 타르 스르르 녹고
나비처럼 몸이 가벼워진다
가끔은
창살 없는 집에만 있지 말고
마스크 착용하고 외출을 시도하자
거리 간격 유지하며
계단으로 걷지만 말고
엘리베이터 타고
여의도 63층 전망대 올라
날아 보라
마스크 없는 세상이 펼쳐져 있으리라

노을빛 추억 속으로
여의도 자매공원

  기억 속에 깨알만큼 남아있는 추억의 장소
  사랑한다는 원치 않는 고백을 받던 곳
  오랜만에 와 보니
  소년처럼 느껴졌던 공원이 멋진 중년이 되어 있고
  터키와 자매를 맺고 터키 전통 포도원 주택이 공원 중심에 멋진 포즈를 취하고 있어
  그 이유로 공원 이름이 자매공원

  오래 전
  한 남자의 사랑 고백을 365일 매일 받던 이 공원에
  홍순도 시인의 '그리움 한 잎'이라는 시가 있어
  노을빛 같은 과거를 되새김해 본다

  '그리움이 깊어가는 어느 날 밤
  나를 부르는 다정한 목소리
  행여나 하여 창밖을 내어다 보니
  님은 가고 그림자만 남아있네

  바람타고 내려앉은 낙엽 한 잎
  나에게 따라오라 손짓하네

그리워라 그리워라 내 사랑 그리워
그 길은 내 님 걸어가신 세월의 길이었네
깨어 있어도 꿈속으로 달려간 길이었네

영등포의 사계
가을

영등포의 가을이 온다
두물머리에서 만난 인연
마포대교 밑 한강 따라
여의도 선착장을 거쳐
양화대교까지 물고 온다

봄에 만나 싹튼 사랑
여름에 뜨거워지고
갈바람에 무르익어
결실 맺는다

한강 유람선 위에서
언약하고 백년가약 맺는
영등포의 가을
사랑이다

영등포의 사계
봄

영등포의 봄이 온다
커다란 씨앗 한 알 품고
관악산 넘어 오는 희망
영등포 땅에 묻는다
가가호호 찬란한 빛 퍼져
싹트고 잎이 피고 꽃대 돋는다
하루하루
손잡고 부르는 행복의 노래
미래가 푸른 물결로 일렁이리라

꽃길만 걸어요
신길6동

우리

꽃길만 걸어요

수. 태. 표. 걸. 선 ......

이름표 목걸이를 단 벚나무를 보셨습니까

발길마다 꽃길만 걷기를 소원하며

아기 벚나무를 헌수한 마음들이 서로 소통하며

봄이 솟고 있습니다

곧은 정신

곧은 믿음으로 잘 자라

벚나무 숲을 만들었습니다

아이들의 천진난만한 목소리가

꽃다운 마음과 섞여 거리를 젊게 하고

손잡고 걷는 연인의 가슴은 방금 꽃 문을 연 벚꽃 잎으로 핑크빛 미래를 설계합니다

꽃그늘 아래 쉬고 있는 아저씨의 한숨과

가사에 찌든 주부의 수고로움도 꽃향기에 사르르 녹았습니다

신길6동

벚꽃 길거리는

사랑의 꽃물결이 파도처럼 출렁이고
한마음으로 피운 사랑 위에
밤에는 별빛들도 내려와 쉬어갑니다

신길6동 벚꽃 길거리에서
동민 모두는
꽃핀 마음으로
꽃길만 걷습니다

뜨거운 봄
영등포

예약하지 않아도 생리하듯
봄은 여인의 몸으로 찾아 와

때가 되면 흥분하는 기분
대답하듯 찾아오는 사랑처럼
봄은 뜨거운 마약

어디로 튈지 모르는 영혼
그 영혼 따라
악산으로
성난 바다로 가려고
신발 끈 조여 매고

영등포의 봄은 나약하지 않아

맞아 맞아
당산역에서

조심히 다니라는 말
내가 자식에게 말했고
자식은 또 자식에게 말했던 말
이 생 끝나는 날까지
듣고 말해야 하는 말
조심조심
요즘은 코로나19 조심
귀 따갑게 듣는 말
맞아 맞아
말 안 해도 알아
그래도
오늘 또 조심하라는 말
맞아 맞아

당신의 다음 행선지는
    도림고가 위에서

돌아선 마음처럼
차가운 감정으로 누워있는 철길
어떤 무력으로도 제어하기 힘든 속력으로 오가는 열차들
도림고가 밑을 통과 한다
나도 한 때
힘든 결혼생활을 한탄하며 만삭인 배를 움켜쥐고
부산행 열차를 타고 가출을 시도했었다
부산 광안리 해수욕장에 밤새 앉아 현실을 직시하고
다음날 해운대를 뒤로하고 해 뜨자마자 되돌아 온 적이 있다
누구는 사랑하는 사람을 만나기 위해 떠나고
누구는 이별을 고하기 위해 열차에 오르리라
인간사 희로애락을 싣고 오가는 열차
철도의 수고가 없었다면
우린 두 다리로 긴 시간을 낭비하며 목적지에 갔으리라
한평생 땅위에 누워 몸을 내주는 철길
열차의 무사고를 기원하며
기적소리 울음 들으며 자신을 희생하는 철길의 침묵
낮은 자세의 숭고함을 배운다
올 가을
몇 호 열차를 타고 떠날까

철의 침묵

문래동 철들

동그라미 네모 세모

크고 작고 모난 모습으로

쇼윈도의 모델처럼

길게 누워

무엇을 기다리고 있나

무거운 침묵위에 쌓인 먼지

침체된 경제를 알리는 신호

문래동 철공소의 시끄런 기계음이

그리운 시절

한강. 3

2020년 7~8월

지리 한 장마 끝에 한강물 넘친다

투명하지 않은 인간과 같은

흙탕물 속이지만

바지자락 붙잡고 놓아주지 않는 여인처럼

질긴 장마를 끝내고 서해로 흐르는데

주인 잃은 신발 한 짝 방향을 잃고 있어

바지자락 놓친 여인의 통처럼 애달프다

장마에 생을 달리한 영혼 앞에

정한수 떠 놓고 통곡 하는 유가족의 마음으로

고개 숙여 명복을 빌며

천천히 흐르는 물결에

흰 국화 한 송이 띄워 보낸다

물의 속살도 그 마음 알고

조용히 뒤 따른다

한강에 소풍 나온 늙은 자전거

구르기도 힘겹다
두 바퀴
수십 년 앞만 보고 달리다가
계단 한 귀퉁이에 장승처럼 서서
켜켜이 쌓이는 먼지만 먹고 녹이 슨다
한강에 소풍 나온 늙은 자전거
주인 무릎 닮아 덜그럭 거리며
대설 찬바람에 온 몸 시리다
꽃도 백일이면 지듯
사랑도 오래가면 시들고
자전거 바퀴 조금만 달려도
제 풀에 바람 빠진다
세월 앞에 장사 없듯
무심히 흐르는 강물처럼
한 세상 그렇게 흘렀다
붙잡고 싶어도 날아가는 바람처럼
낡은 자전거 데리고
구멍 뚫린 무릎으로
북쪽으로 가다가
남쪽으로 우회하고

서쪽으로 가다

회전해

동쪽으로 방향 틀어보지만

찬바람 불기는 매 한가지

하얀 밤
한강

어둠을 밝히며 내리는 눈
가슴에 품고 흐르는 한강
흰 소의 걸음으로 걷는
눈 내리는 밤
흰 소복 입고 춤추는 억새
흰 소복 걸친 검은 바위
흰 옷자락 나부끼는 나뭇가지
순진한 하늘이 내리는 선물
별들이 빚어 지상으로 뿌리는
순수의 빛

탁 트인 영등포
    영중로

찢어진 포장마차의 가난이 사라지고
칼바람에 나부끼던 휴지들도 낙엽처럼 흩어지고
세파에 찌든 간판들 새 옷을 입었다

동장군 밀어내고 봄빛 오듯
영중로 거리엔 파란 신호등 켜지고
투명해진 새 길 위에
어르신 주름살 펴져 회춘하고
젊은이 어깨 솜털처럼 가볍고
그늘졌던 상인들 주머니엔 금빛가득

목련꽃 함께 만개하며
희망의 꿈 가득 품은
탁 트인 영등포

탁트인 영등포. 2
영등포구청

반갑습니다
무엇을 도와드릴까요?
영등포구청입니다

영등포구는 행복의 중심 도시에서
탁트인 영등포로 거듭나고 있습니다
문화를 상징하는 옐로우
소통을 상징하는 오렌지
환경을 상징하는 그린
교통을 상징하는 스카이 블루
네 가지색 로고를
구민들 가슴 속에 문신처럼 새기고 만들어가는 영등포입니다

남부의 희망 영등포의 꽃 흰 목련
공원마다 골목마다 만개하여
영등포에 희망의 봄이 왔음을 알리고
긴 세월 흘러도 변심하지 않는
어머니 마음 닮은 미소로 피고 집니다

남부의 뿌리 영등포의 사계절 변함없이 서 있는
당산 공원 소나무는
우리 곁을 떠나지 않고 지켜주며
아버지의 뚝심으로
든든한 수호신으로
영등포구민의 안녕을 기원 합니다

영등포구청은
38만 구민의
크고 작은 애환을 듣고 실천하기 위해
24시간
눈 뜨고 귀 열어 놓았습니다
미래에 어른 모시고 젊은이가 살기 좋은 영등포를 위하여
굴절없이 뻥 뚫린 고속도로처럼
탁 트인 영등포의 내일을 위해
오늘도 안전하게 달리겠습니다

어서오세요
영등포구청입니다
무엇을 도와드릴까요?

침묵 속에 숨은 금
전 신길동마을금고 조도승이사장

침묵은 금이라 했던가
금같이 변하지 않고
어느 세파에도 동요하지 않고
자신의 확고한 신념과 의지로
열 마디 말보다 확고한 행동 하나로 모범이 되어
마을금고를 활성화시킨
조도승이사장
백발의 머릿결 은빛으로 물들고
영혼까지 빛나니
그 누가
우러러 보지 않으리
그 누가
존경하지 않으리

청년의 기도
여의도 공원

봄의 화색이 완연한 마천루
그 사이사이마다 온기 가득해
마스크 속에서 들숨 날숨으로 행복은 넘쳐
사람들 끼리끼리 담소하고
살구는 알아서 익어가는데
나무벤치에 홀로 앉아
손 모아 기도하는 청년
예수의 숭고한 모습
부처의 온화한 자태
무엇을 위해 기도하는건지
암울한 현실을 위해
기도를 올리는 것인가
한 청년이 소원하는 꿈
소나무 등 타고 하늘로 오르려는 아이비의
꿈
지구에 살아 숨 쉬는 모두의 기도를 들어 주는
여의도 공원

이 생명 영원한 조국에
반공순국용사 위령탑

오늘도 저 햇빛 속에
그대들 꽃다운 모습 보이고
지금도 이 바람결 속에
그대들 고운 음성 들리네

짧은 일생을
영원한 조국에 바쳤기에
가고도 가지 않은 그대들이라
조국의 산천과 역사와 함께 길이 살리라
정든 조국 정든 고향
여기서 그대들 길이 살리라

<헌시> 전문 서기 1973년 6월 30일

문학박사 노산 이은상

그들은 아직도 이 땅에 살아 있다
대동청년단 대한 청년단
대한노총 반공연맹 민보단서북청년회
애국우익 단체소속동지
경찰관 소방관 학생
이재호외 133명의 호국용사
1950년 6월 25일
북한의 기습 남침으로 조국이 위기에 처했을 때
목숨 걸고 싸운 영등포구 관내 순국용사들의 영혼
신길1동 여의도 샛강 옆 노들길과 신길 역 사이에 서
빈 허공만 쳐다보며 외롭게 서 있다
전쟁 속에 청춘을 바쳐 지킨 영등포
38만의 구민들은 기억해야한다
그들의 위대한 정신
그들의 숭고한 희생
바람처럼 그냥 스쳐지나가지 말고
고개 숙여 묵념해야한다
그들은 영등포의 영원한 수호신이다

여성을 노래하다
여의도 영산아트홀

세계 여성의 날 기념 연주회
영산아트홀에서 '여성을 노래하다' 공연이 있어
여성을 위한 음악회
설레는 봄바람처럼 날아
여의도에 진달래 빛으로 퍼지고

똑 소리 나는 버스의 안내 받고
첼로 바이올린 클라리넷 피아노
성악가의 열정적인 노래 가슴에 담고
바람 난 봄 처녀 되어
귀가 중이다

*진등포

　내가 초등학생이었을 때
　문래동에 둘째언니가 미장원을 했다
　여름방학 때 놀러왔던 서울 나들이
　어느 날
　하늘에 구멍이 난 것처럼 비가 억수로 내리더니
　미장원에 물이 차올라 혼비백산되어 물난리를 겪고
　그날 나는 도시에도 물이 차오른다는 것을 알고 실망했었다
　물이 썰물처럼 빠지고 짝 잃은 신발들이 주인 찾아 방황하고
　어디서 굴러 왔는지 진흙 범벅이 된 돌들이 길가에 널 부러져 맨발로 밖을 나갈 수가 없었다
　언니는 그런 나에게
　영등포는 서방 없인 살아도 장화 없인 못사는 진등포라고 말해 주었다
　그 후
　난 40년을 진등포에 뿌리를 내리고 살았다
　이젠 튼튼하게 지어진 배수 펌프장이 생겨 물난리 날 일 없고
　하루하루

주거환경이 밤하늘에 빛나는 별처럼 발전을 거듭나고 있다
고향 친구(김영애)가 이사 온다고 해서 두 팔 벌려 환영했다
남부의 뿌리 영등포
장화보다 서방이 필요하고
대를 이어 살아도 부귀영화를 누릴 수 있는 살기 좋은 곳이라고 말했다

*진등포: 1980년 이전, 영등포에 비가 오견 물이 차올라
장화 없인 살수 없는 곳이라고 불리었던 지명

당산고을에 울리는 행복바람
당산고을 행복음악회를 축하하며

행복한 바람이 분다
높고 푸른 하늘에
금물결타고 행복의 바람이 불어온다
당산고을에 가을 옷을 입은 아름다운 선율이
영등포구민의 가슴을 적시고
천상에서 내린 목소리와 현의 울림이
당산고을을 행복의 나라로 인도한다

가을은 단풍나무 끝에서부터 오는지
연지를 바른 듯 얼굴이 붉은 나뭇잎
음악에 맞추어 춤을 추고
당산공원에 핀 노란국화도
우직한 소나무도 흥겨워 몸을 흔들고
한마음 한뜻 되어
당산고을에 모인 영등포구민 모두 어깨춤을 춘다

행복은 더 큰 행복 바이러스를 불러 와
나 혼자만이 아닌
모두가 같이 느끼는 행복

당산1동 주민자치 위원회에서 만든 작은 바람이 하나 둘 모여
소중하고 고마운 바람을 초대하고

당산고을에 울리는 이 바람은
영등포구민의 가슴 속에 행복한 바람으로 각인된다
오래오래 기억 될
당산고을 행복 음악회

*위 시는 코로나 이전에 당산고을 행복음악회 행사 때 낭송한 시

4 부

신지식인의 구걸
당산역 6번 출구

새벽6시
일출은 하루를 열기 시작하고
만보기는 제로
한강으로 향하는 길목
당산 역 6번 출구 밑에
검은 파카를 뒤집어쓰고 검은 마스크를 하고 구걸을 하는 사람이 앉아 있다
거꾸로 입이 뚫린 통단팥 통은 녹이 슬었고 동전 몇 개가 놓여있다
그런데
가녀린 손(여자가 분명했다)엔 두꺼운 책이 들려 있다
독서하는 모습에 화들짝 놀라
깡통 속에 1000원을 넣으며 물었다
"실례지만 책이름을 알 수 있을까요?"
검은 마스크 위로 새벽안개 머금은 눈을 뜨며 나를 쳐다 보더니
책 표지를 보여 준다
미스터션사인
2018년 이병헌과 김태리가 주역을 맡아 드라마로 방송된 책이다

난 기이한 그녀의 모습을 핸드폰에 담았다
.
.
.
63층 건물까지 다녀오는데 만 오 천보를 걸었다
당산 역 6번 출구 밑
탁발 나온 스님처럼 그녀가 그대로 앉아 있다
책의 두께를 보니 두 시간 동안 읽은 것이 확실하다
깡통 속이 궁금했지만 참았다
이유를 묻고 싶었지만 참았다

신지식인의 독서 방법인가
신지식인의 밥벌이 방법인가
당산역 6번 출구
내일도 그녀의 행보가 궁금하다

비나이다
도당(禱堂)신길 3동

비나이다
비나이다

신길리 들 가운데 십자형의 강(인천 김포 한강)
네 갈래로 갈라진 강줄기 따라
어선의 안전과 만선을 위해 출항했던 곳
임진왜란 때부터
매년 정월 칠월 시월에 제를 지낸 도당

비나이다
비나이다

신길3동의 안녕을
영등포구의 번영을
대한민국의 태평성대를 위해
도당(禱堂)에 모여 한마음 한뜻으로
동민 모두가 한 마음으로
정성 다해 기원 하나이다

비나이다
비나이다
가슴 모아
비나이다
코로나 고비
술술 넘어가게
비나이다

만능탤런트
정병준 건강댄스강사

인생이 별거인가
돌고 돌며 춤추듯
둥글둥글 살면 그만이지
손잡고 어깨 부대끼며
빙글빙글 마음 가는대로 돌아가
희로애락 몸으로 느끼고
영혼으로 시 짓고
가슴으로 노래하며
유유자적 여행하며
세상 두루두루 섭렵하고
때론
누군가의 따듯한 손길이 되고
때론
누군가의 위로가 되어
그렇게 한 세상 살아가는
다재다능한 인생
부러워라

*정병준: 건강댄스강사 신길3동 거주

메낙골 공원
신길1동

땀에 지친 여름
쉬어가라 쉬어가라
손짓하는 빈 의자
태양의 뜨거운 열기
온 몸으로 막으며
그늘이 되어 주는 아빠처럼
든든하게 서 있는 나무
용광로처럼 뜨거운 열기 속에서도 투정없이
언제나 환하게 웃는 엄마 닮은 꽃
신길1동 메낙골 공원
오고가는 사람들의 안락한 휴식처
온갖 새들과 목청 높여
합창하는 매미
팬데믹에 지친 시간 치유해 주는
메낙골 공원

하늘 길
양화선착장

아리수 만찬에서 곡차 한잔하고
하늘 쳐다보니
비행기가 만들고 간
하늘길 아래 고수부지 잔디밭엔
연인들 사랑 달달하고
선유대교 오고가는 사람들
봄 꽃피듯 미소 만개 하네
한강물결 가르며 달리는 모터보트가 뿜어낸 포말 위에
샹송이 달콤한 음성으로 미끄러지고
물오른 버드나무가지 위로
날아오른 꼬리 연
꼬리 자유롭게 흔들며
허공에 시 쓰고
한강 물
그리운 뭍으로 흐른다

여기서 살리라
신길3동을 위한 연가

여기서 살리라

신생의 길 위에
결 고은 씨앗 한 알 심고 행복의 날개를 달아
뿌리 깊은 나무위에 둥지 틀어 마음껏 비상하고
한마음 되어 집을 짓고 꿀을 만드는 꿀벌처럼
함께 공생 할 수 있는

여기서 살리라

사랑 먹고 자라는 아이들과
무성한 그늘 같은 어른 공경하며
정다운 이웃과 함께 상생하는

음악과 함께 시를 읊고
문화가 꽃피는 마을
행복의 웃음소리가 한강 유람선을 타고
모든 시름은 가슴 넓은 관악산이 품고
마음의 창 활짝 열어
내일을 꿈꾸며 미래를 마음껏 설계하며 사는

이곳
신길3동

여기서 살리라

영등포 바람

어인일로 이 시간에 살랑살랑
꼬리 흔들며 오고 있소?
나라를 들썩이며 바비가 오고가더니
성질 나쁜 마이삭이 온 국민을 애타게 만들더니
매미보다 고약한 하이선이
다음주자로 달려온다고 긴장감에 잠 못 이루게 하더니
세상을 온통 불안에 떨게 한
이 시점에
뭉게구름 사이사이 눈부신 햇살안고 부는 바람
어떤 뜻 품고 있는 거요?
폭풍전야의 전조에 잠깐만이라도 안심하라는 것이요?
사람가슴 혹 할 만큼 부는 지금의 달콤한 바람으로
하루하루가 지옥인
우리의 가슴에 맺힌 한을 날려버릴 수 있다고 생각하는 거요?

벚나무의 비애

국회의사당을 호위하고 있는
우람한 벚나무 굵은 허리가 비닐 붕대로 꽁꽁 묶여 있다
날씨는 초여름 날씨인데
나처럼 뱃살 빼려는 것은 아닐 테고
코로나 때문에 올 봄 여의도 봄꽃축제가 취소되었다
사람도 사랑을 하다가 이별을 하면 마음 아프고
짝사랑하다 시름시름 앓으면 상사병에 걸리는데
벚나무도
봄꽃축제의 취소로 아쉬움에 젖어
병이 든 것일까?
안쓰러운 마음에 벚나무를 작은 가슴으로 품으니
벚나무의 한숨이 혈관을 타고 전해온다
내년엔
봄꽃축제를 꼭 열 수 있을 거야
더 아프지 말고
잘 치료하고
내년 봄에 건강한 모습으로 만나자 기약하며
발길을 돌린다

'누가 이 사람을 아시나요'
대한민국 대표 공영 미디어 여의도 KBS한국방송공사

'누가 이 사람을 아시나요?'
 가수 패티김의 이슬에 젖은 목소리가 여의도를 물들이고 전국에 슬픈 파도로 출렁인다
 1983년 6월30일부터 시작된
 이산가족찾기
 손수건 들지 않고는 볼 수 없는 광경
 여의도 KBS한국방송공사 안과 밖은
 혈육을 찾는 이름과 사진들이
 정글의 숲처럼 빼곡하게 자리 잡고 있었다
 특별 생방송을 시작하고
 138일 453시간 45분
 10,189명의 이산가족이 상봉했다

 어려서 할머니와 고모를 잃어버린
 국가유공자이신 아버지는
 TV 곁에 껌딱지처럼 붙어 앉아
 손가락 하나는 잘려나가고
 ㄱ자 손으로 굽은 또 하나의 손으로
 눈물을 연신 훔치시며
 할머니가 아버지를 찾지 않나

한 눈 팔지 않고 보시던 기억이 아직도 생생하다

그 기막힌 역사의 산실에 와서
하늘을 바라보는데
하늘은 구름만 보듬고 변함없다
"오빠~~~"를 부르짖던 여동생의 절규가
전 국민을 울려 온 나라를 울음 천지로 만들었었다
유네스코 기록 유산에 등재된 역사적 사건
달나라로 여행가는 꿈을 꾸는 21세기에
아직도 이산의 아픔을 앓고 있는 한스런 역사
오랜 시간이 흘렀어도
그때의 간절했던 현장
여의도 KBS한국방송공사 계단에는
지금도
이산의 슬픔과 한이 맴돌고 있다

어머니의 숨결
양평동1가

빌딩숲 사이
100년 넘은 고만고만한 집들이
두 팔 벌리면 닿을 만큼 정겹게 어깨를 맞대고 있다
선유서로 24 3-3 번 집은
양평동에 사는 양연화시인의 어머니 집
노모는 지금 요양원에 계시고
빈집 벽에는 자식들과 찍은 빛바랜 사진이 도배를 하고
온기 잃은 돌침대만이 덩그러니 누워 주인을 기다리고 있다
늙은 골목길 허물어져가는 벽에 기댄 아이비덩굴이 잡초와 봄을 만끽하고 있다
눈길을 잠시 옆으로 돌리면 우후죽순처럼 솟는 고층 빌딩들
과거와 현재와 미래가 공존하는
양평동 1가 한쪽에는 보물 같은
시인을 키운 어머니의 숨결이 서려있다

아이공유
작은환경미술관(신길1동)

공간은 작아도 관심은
글로벌
아이공유는 나와 너, 우리가 지켜야할 푸른 지구를 위하여
생활 속 환경교육과 전시를 하는 비영리 단체입니다.

여러분의 관심이 더 나은 환경을 만듭니다.

지구산책 쓰레기책전시회
반짝반짝 모멘트 사진전
너는=나다
등
등

덩치 큰 사람의 속이 넓은 것만이 아니듯
작은 사람의 속이 좁을 거라는 편견처럼
전시관이 대형화하는 시대에 맞선 작은 겔러리
신길1동 아이공유 작은환경미술관
지구의 환경을 위한 전시가 상설로 열리고 있다

풀뿌리 민주주의 부활을 꿈꾸며
지방자치 30주년을 맞이하여

천지인(天地人)
하늘과 땅과 인간이 공존하는 세계
우리는 이 땅에 어떤 씨를 뿌려야 할까
우리는 저 하늘에 어떤 뜻을 세워야 하는가
우리는 이 땅과 저 하늘에 무엇을 이루어야 하는가

지방자치 30년
*'국가의 주인은 국민이고
국가와 그 권력은 국민으로부터 나온다'
'이웃을 위한 미덕이 마을의 공덕이 되고
이것이 지방의 공덕이 되고
이것이 지방의 공익이 되는
주민 자체의 메커니즘이다'

전국 3천개 읍면동에 10만 명의 자치위원
70만 명의 전 주민자치위원
영등포구 기초 의회의 역동적인 역할이
대한민국 발전의 초석이 된 지방자치
진정한 애향심으로 봉사하고 희생정신을 통하여
민주 시민 의식을 확립하고

더불어 사는 주민의 행복을 위해
주민과 소통하고 창의적인 혁신으로
주민 주권과 자치분권을 실현하고 있다

천지인(天地人)
하늘과 땅과 인간이 공존하는 세계
우리는 이 땅에 어떤 뿌리를 내려야 할까
우리는 저 하늘에 어떤 탑을 세워야하는가
우리는 지방자치 역사에 무엇을 남겨야하는가

*m.search.daum.net
2021 한국지방자치학회 동계학술대회 발췌

영등포

삼행시

영

등

포

영원을 기원하며 견고한 땅위에 신령들이 정성 다해 빚은 땅

등불 켜고 탁 트인 영등포의 미래 위해 길 밝히고

포용하며 사랑하고 진정한 행복의 둥지 틀고 영롱이와 함께 살아 갈 우리의 미래

영

등

포

연흥극장과 사창가

　모두가 거절을 한다. 몇몇 여자들은 배추 잎(만원) 몇 장에 잠시 망설인다. 여자들끼리 서로 눈치를 본다. 긴 정적이 느끼한 분위기의 네온을 더욱 끈적거리게 한다. 누구에게 간택을 당할 것인가. 여자들은 껌을 질겅질겅 씹으며 팔짱을 끼고 자신들의 다리 밑에 서 있는 앉은뱅이 남자를 땅에 붙은 껌처럼 쳐다보고 있다. 그 남자의 나이는 가늠하기 힘들다. 그는 그저 한 여자의 손길만 기다리고 있을 뿐이다. 긴 시간이 흐르고 정적이 어둠처럼 깊어질 때 쯤 한 구석방에서 빼빼마르고 키가 훌쩍 큰 여자가 나오더니 한 치의 망설임도 없이 앉은뱅이를 한 손으로 들어 어깨에 들쳐 메고 자신의 방으로 바람처럼 사라진다. 뒤이어 스크린은 짙은 어둠 속에 묻힌다.
　1980년도 영등포 연흥극장에서 본 '어둠의 자식들'이란 영화다. 그날도 친구와 함께 영화 한 편을 보았다. 그 영화가 '어둠의 자식들'이다. 중학교 때 짝사랑 한 번하고 성인이 되고서는 연애 한 번 변변히 해 보지 않았던 나는 그 영화를 보면서 야한 장면이 나올 때마다 심장이 밖으로 터져 나오는 줄 알았다. 그리고 창녀라는 직업을 간접적으로 알게 되었고 영등포에 사창가가 있다는 것을 그날에서야 알게 되었다.

섹스는 우리에게 필요악이다. 성인들이 살아가는데 꼭 필요한 것이 의식주만이 아니다. 먹고 입고 돈을 물 쓰듯 해도 해소 되지 않는 것이 성욕이다. 그 영화는 돈을 받고 성을 파는 여자들의 삶을 그린 영화다. 남녀가 사춘기를 지나면서 느끼는 육체적 변화가 바로 성기의 변화다. 나는 아들이 중학생이 되었을 때 티슈 한 곽을 침대 옆에 놓아 주었었다. 아들은 엄마의 의도를 알았는지 얼굴이 홍당무가 되었다. 그때쯤이면 몽정을 하는 시기이다. 나는 이십대 초까지 남자랑 키스만 해도 애를 낳는 것으로 착각을 하고 있었던 성에 대해서는 무지한 처녀였다. 영화에서는 성욕이 한창 왕성할 때인 군인들이나 총각들과 집에서 아내한테 성에 만족하지 못한 남편들이 찾는 곳이 사창가라는 것을 보여주었다. 물론 나이 지긋한 어르신들도 찾는 곳이기도 하다. '어둠의 자식들'은 집성촌의 의미와 성의 중요성을 알리는 영화였다. 마지막 손님으로 사창가를 찾아 온 앉은뱅이 남자를 등장시켜 창녀들의 심리를 테스트 하는 것으로 영화는 막을 내렸다. 이 영화에서 중요한 것은 아무리 돈을 많이 지불해도 창녀들이 앉은뱅이를 외면하는 장면이다. 사람이 사람을 차별한 것이다. 돈이 돈의 구실을 하지 못하고 돈이 똥값으로 땅바닥에 추락하는 장면이다. 아무리 물질만능주의라지만 돈 가지고 선택 할 수 없는 상황이 벌어진 것이다. 그때 주인공 여배우 나영희는 과감하게 앉은뱅이를 선택한다. 그때 나는 앉은뱅이를 안고 자신의 방으로 들어가는 여배우의 뒷모습이 성녀 같다는 생각이 들었다. 나는 친구와 그 영화를 보고 현재 신세계백화점 옆에 있는 사창가로 가 보았다. 거기에 가서 그녀들이 호객행위 하는 것을 한 시간 동안 넋을 놓고 바라보았다. "오빠오빠 놀다 가세용. 잠깐만 놀다 가세용." 코맹맹이 소리를 내는 그녀들의 처절한 외침이 칠흑같은 밤하늘 허공 속을 맴돌다 메아리로 돌아온다. 지나가는 남자란 남자들의 팔을 그녀들은 찰거머리처럼 달라붙어 잡아끈다. 남자들의 팔이 그녀들의 유혹에 힘겨워 보인다. 어쩌다가 가끔은 그녀들의 이끌림에 마지못해 끌려가는 남자들을 보고 이런 직업이 영등포에 있다는 것이 신기하기만 했다. 나는 그 영화를 보고 성에 눈을 떴다.

　인체는 사춘기에 접어들면서 본능적으로 성욕을 느끼게 마련이다. 얼큰하게 취한 한 취객이 술좌석에서 장난삼아 하던 말이 생각이 난다. 새벽에 남자의 거시기가 서면 돈을 빌려 줘도 된다는 것이다. 믿거나 말거나의 말처럼 엉뚱한 이야기라고 일축하겠지만 그만큼 남자의 성기능의 문제가 일상에서 중요하다고 나는 믿는다. 남자에게 있어서 성적인 힘은 남자의 자존심이라는 말도 일리가 있다고 생각한다. 나는 그 영화로 인해 섹스에 대해 긍정적으로 받아들이게 되었다. 다 영화 '어둠의 자식들' 덕분이다. 내가 20대 초년에 영등포에서 겪었던 한 때의 추억이다.